（1）線の練習1

①実線の練習… 見本にならって，実線を引きなさい。

（ア）極太の実線（輪郭線・断面線）（2mm 間隔）

（イ）太い実線（みえる部分の外形線）（2mm 間隔）

（ウ）細い実線（寸法線・寸法補助線・引出線など）（2mm 間隔）

（エ）実線の使い分け（2mm 間隔）

（オ）実線の使い分け（1mm 間隔）

②破線と鎖線の練習… 見本にならって，破線・鎖線を引きなさい。

（ア）細い破線（かくれ線）（2mm 間隔）

（イ）太い破線（かくれ線）（2mm 間隔）

（ウ）細い一点鎖線（中心線・基準線・ピッチ線・切断線など）（2mm 間隔）

（エ）太い一点鎖線（基準線（強調するとき）・境界線など）（2mm 間隔）

（オ）切断線

※参照－教科書 p.17　表1
※図面枠・表題枠を極太の実線で引いてみよう！

図名	尺度	学年・組・番号	名前	検印
線の練習 1	1：1			

（2）線の練習2

実線の練習… 見本にならって，立体文字を完成させなさい。
※ 線の太さや角度に注意をしてかくこと。

【見本】

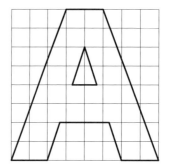

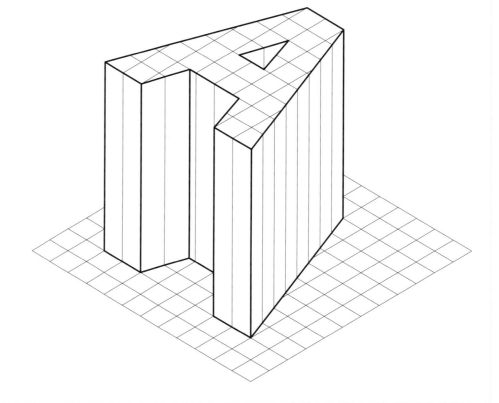

	図名	尺度	学年・組・番号	名前	検印
※ 図面枠・表題枠を極太の実線で引いてみよう！	線の練習 2	1：1			

（3）文字・数字の練習

文字・数字の練習… ガイドラインを引いて，それぞれの行の例にならって練習しなさい。

ガイドライン

10mm 建築設計製図　第1課題　平家建専用住宅設計図　平立断

7mm 表題　学校名　図名　尺度　名前　平家建専用住宅設計図　配置　平面　立面　断面

7mm

7mm

7mm

5mm 配置図　平面図　立面図　断面図　詳細図　東西南北　軸組　基礎　A－A　B－B　C－C　1234567890

5mm

5mm

5mm

3.5mm 1234567890　1234567890　455　910　1365　1820　2275　2730　3640　4055　5460　6370　7280　8190　9100　1000

3.5mm

3.5mm

3.5mm

3.5mm

3.5mm

3.5mm

※ガイドラインは，できるだけ薄く細くかく。
※図面枠・表題枠を極太の実線でかいてみよう！

図名	尺度	学年・組・番号	名前	検印
文字・数字の練習	1：1			

4

（4）寸法と表示記号

通り心・基準線・寸法線… 見本にならって，青線の図を完成させなさい。

※寸法線等は，細線でかくこと。
※寸法を記入する位置と向きに気をつけること。またガイドラインを有効に活用すること。

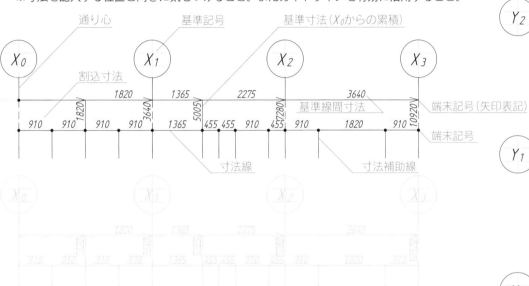

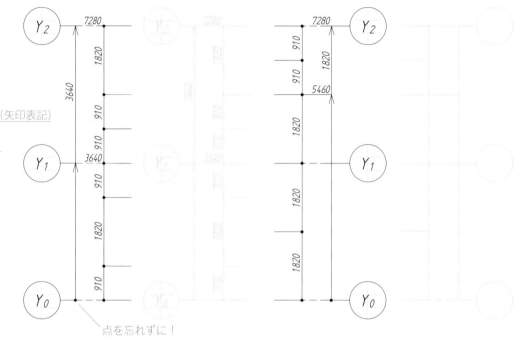

点を忘れずに！

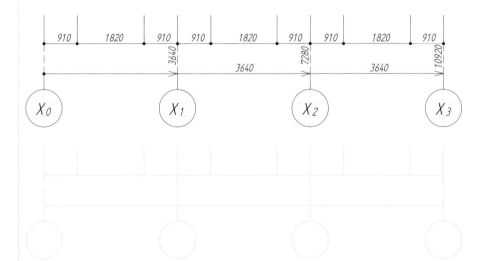

②表示記号… 見本にならって，青線の図を完成させなさい。

（ア）地盤

（イ）割石

（ウ）コンクリート

（エ）断面の切り口など（ハッチング）

図名	尺度	学年・組・番号	名前	検印
寸法・表示記号	1：100			

（5）方眼の練習 … 910ピッチの方眼をかいてみよう。

※全長91mmを10分割するには，定規を斜めにし，定規の100mmの目盛を91mmの垂直線上に合わせて分割する。

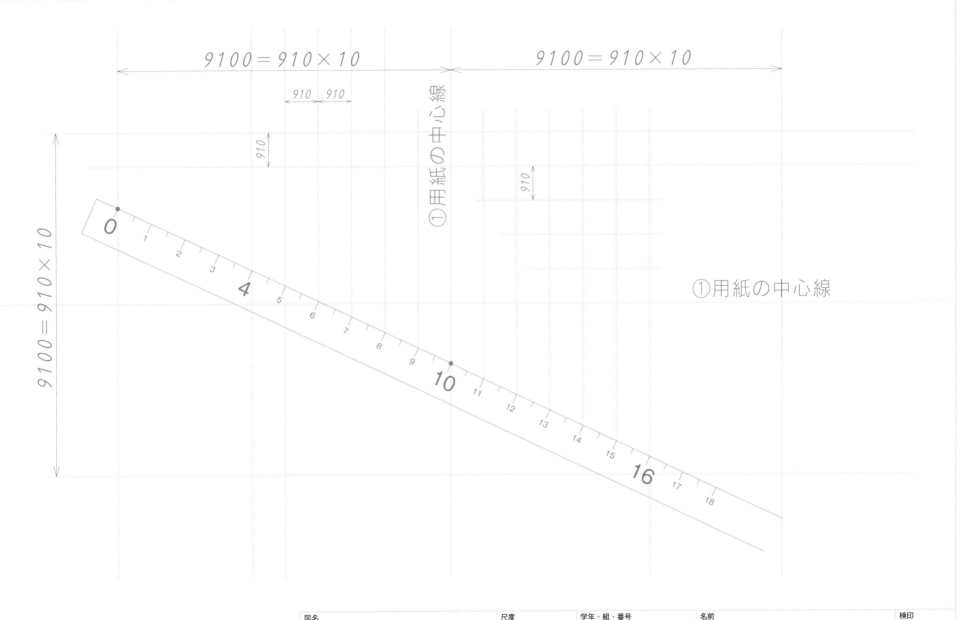

| 図名 | 方眼の練習 | 尺度 1:100 | 学年・組・番号 | 名前 | 検印 |

（6）通り心と壁の中心線をかいてみよう

右ページの【かき方１・２】を参考に図を完成させなさい。

※ 図面枠・表題枠を極太の実線で引いてみよう！

図名		尺度	学年・組・番号	名前	検印
通り心・壁の中心線		1:100			

（6）通り心と壁の中心線をかいてみよう【かき方1・2】

【かき方1】
・基準となる通り心の下がき

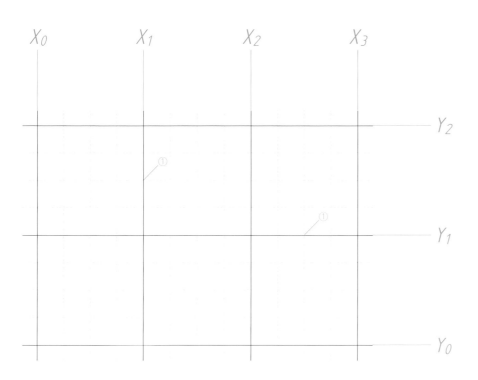

【かき方2】
・壁の中心線の下がき

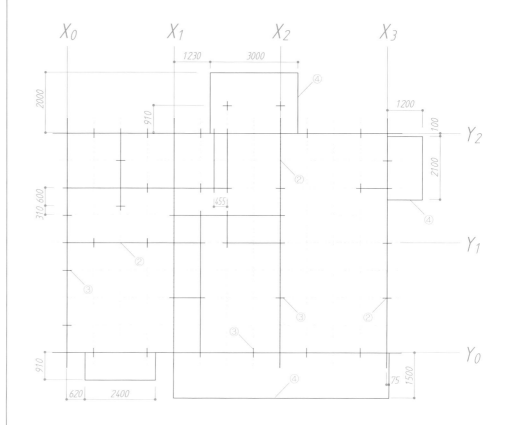

①平面図をかく位置を定め，
　通り心をごく薄い細線（以下【下がき線】）でかく。

②壁の中心線を【下がき線】でかく。
③柱・壁・開口部の位置を【下がき線】でかく。
④テラス・ポーチなど外周線を【下がき線】でかく。

8

（7）平面図をかいてみよう …右ページの【見本】を参照してかきなさい。

※p.10, 11の【かき方1〜4】を参考にする。

図名		尺度	学年・組・番号	名前		検印

（7）平面図をかいてみよう

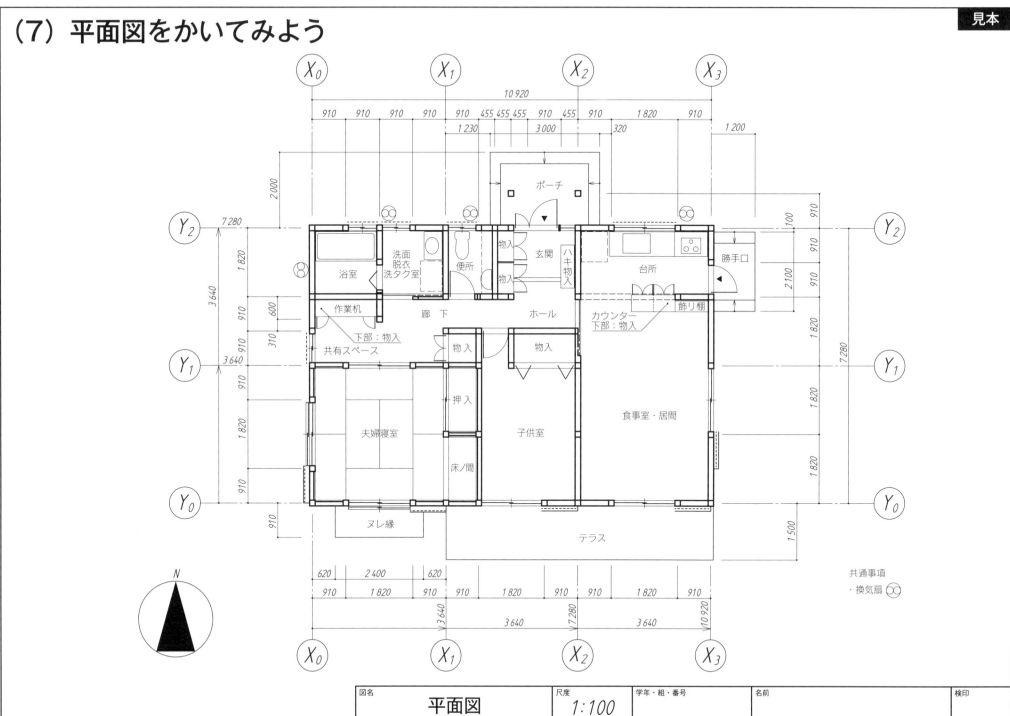

図名		尺度	学年・組・番号	名前		検印
	平面図	1:100				

（7）平面図をかいてみよう【かき方1・2】

【かき方1】

・壁，柱，建具を極太線でかく。
・開き戸の戸の部分を極太線でかく。
・戸袋を太線でかく。

【かき方2】

・建具の見え掛り線，召し合わせ部分を細線でかく。
・開き戸の軌跡は円定規を使用してかく。
・格子，雨戸の破線を細線でかく。
・ポーチ，勝手口，テラス，ぬれ縁を太線でかく。
・衛生器具（浴室，洗面等），畳，台所，家具等を細線でかく。
　※便所はテンプレートを使用してかく。

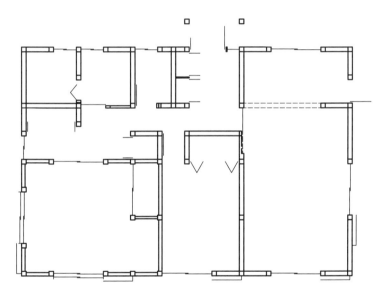

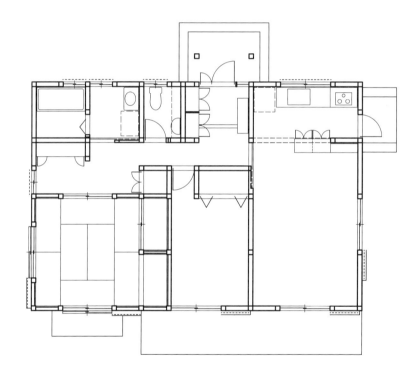

（7）平面図をかいてみよう【かき方3・4】

【かき方3】

・通り心（一点鎖線）を細線でかく。
　※円（実線）は，円定規を使用してかく。
・寸法線，寸法補助線を細線でかく。
・換気扇，出入口（▲）の記号をかく。
・ポーチ，勝手口の矢印をかく。

【かき方4】

・寸法，室名等をかく。
　※文字・数字は，ガイドラインを引いて高さを合わせてかく。
　※文字・数字の大きさの目安　小文字・数字：3mm，大文字：5mm
・方位をかく。
　※円は，円定規を使用して太線でかく。

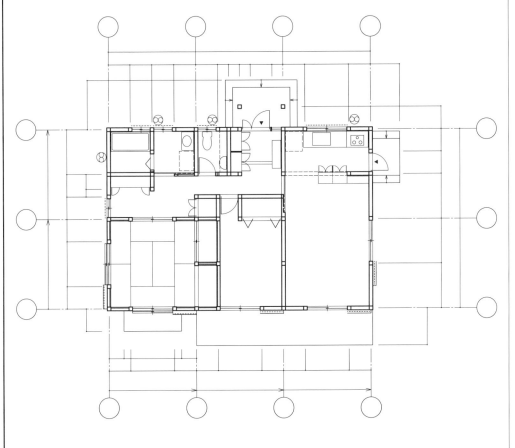

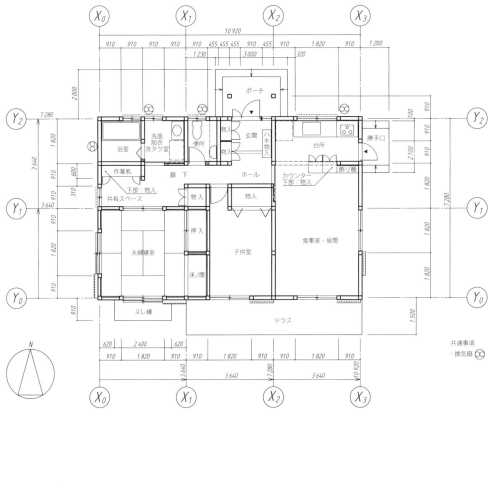

（8）開口部のかき方（立面・断面）

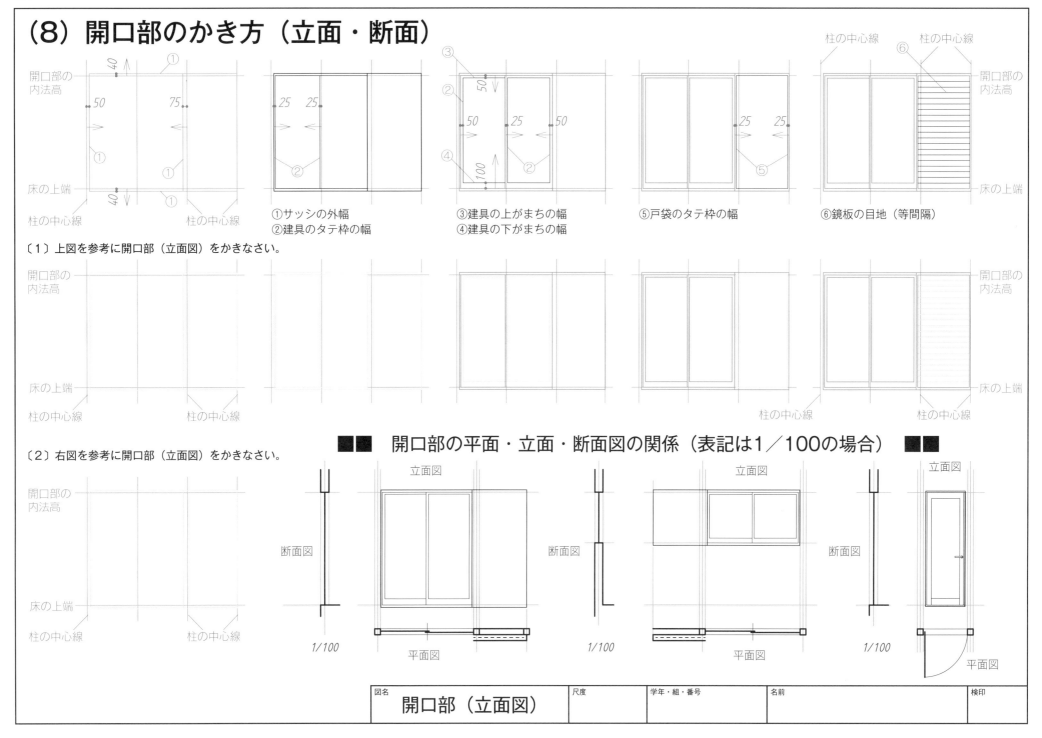

①サッシの外幅
②建具のタテ枠の幅

③建具の上がまちの幅
④建具の下がまちの幅

⑤戸袋のタテ枠の幅

⑥鏡板の目地（等間隔）

〔1〕上図を参考に開口部（立面図）をかきなさい。

〔2〕右図を参考に開口部（立面図）をかきなさい。

■■ 開口部の平面・立面・断面図の関係（表記は1／100の場合）■■

図名	尺度	学年・組・番号	名前	検印
開口部（立面図）				

(9) 屋根をかいてみよう

屋根伏図（屋根を上から見た図）から屋根立面図をかきなさい。

※屋根の仕上げを考えないものとし，屋根勾配は5寸勾配（1/5）とする。

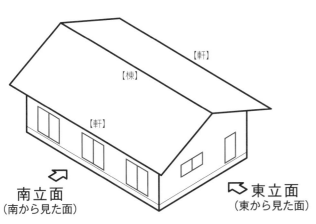

南立面
（南から見た面）

東立面
（東から見た面）

【かき方】

1. 東屋根立面図

①屋根伏図から外壁の位置をかく。

②屋根伏図から棟の位置を求める。

③「軒の高さ」と「外壁の位置」の交点から
屋根勾配（1/5）をとる。

2. 東屋根立面図

①1.東屋根立面図を南屋根立面側にかき写す。

3. 南屋根立面図

①屋根伏図から外壁の位置をかく。

②屋根伏図から屋根の幅を求める。

③2.東屋根立面図から【棟】の高さを求める。

④2.東屋根立面図から【軒】の高さを求める。

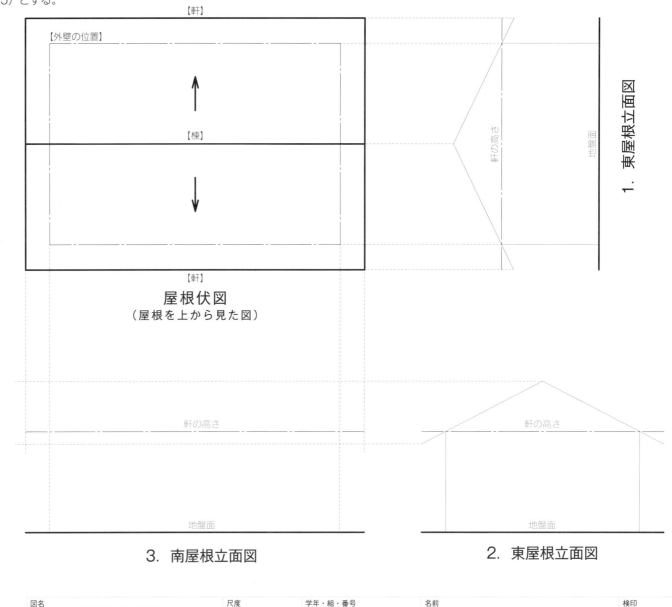

屋根伏図
（屋根を上から見た図）

3. 南屋根立面図

2. 東屋根立面図

図名	屋根立面図	尺度 1：150	学年・組・番号	名前	検印

（10）断面図をかいてみよう …右ページの【見本】を参照してかきなさい。

※p.16，17の【かき方1～4】を参考にする。

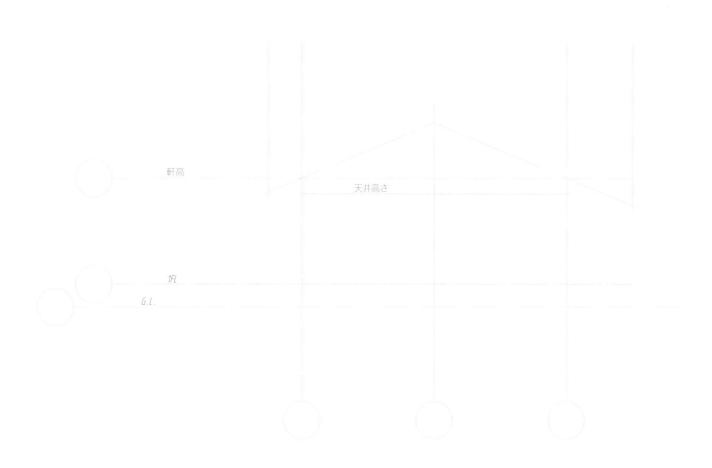

軒高

天井高さ

1FL

G.L.

図名		尺度	学年・組・番号	名前		検印

（10）断面図をかいてみよう

見本

平面図と断面図の関係

※平面図に表記されている断面線の位置で切り,
その奥にみえている部分をかく。

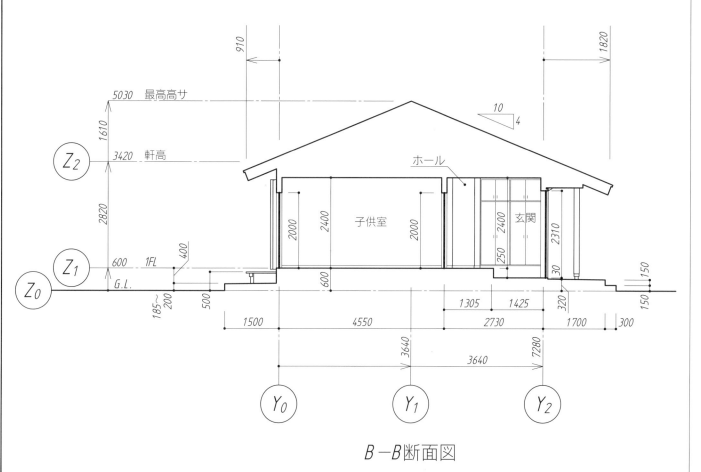

B−B断面図

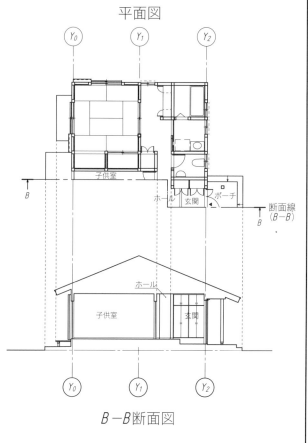

平面図

B−B断面図

図名	尺度	学年・組・番号	名前	検印
B−B 断面図	1：100			

（10）断面図をかいてみよう【かき方1・2】

【かき方1】

・主要な部分の下がき

①通り心・基準線（Y_0, Y_1, Y_2, Z_0, Z_1, Z_2）

②屋根勾配
　※「勾配のとり方」を参考にする。
　　（Y_0とZ_2の交点，Y_2とZ_2の交点,それぞれ求める。）

③軒の出（Y_0から910, Y_2から1820）

④玄関ホールの床高（Z_1から下に250）

⑤天井高（Z_1から上に2400）

⑥壁の位置，ポーチ柱の位置
　※見本（p.15）の寸法を参考にする。

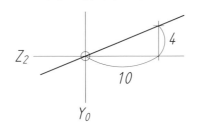

「勾配のとり方（4/10）」

Z_2とY_0またはY_2の交点から，水平方向に10とり，そこから垂直方向に4とり，そこから交点を結び，延長する。

【かき方2】

・屋根，壁，開口部，その他の下書き

⑦軒先，屋根
　※「軒先の寸法」を参考にする。

⑧最高高さ

⑨壁厚

⑩開口部高さ

⑪ポーチ柱

⑫ポーチ厚，テラス厚
　※見本（p.15）の寸法を参考にする。

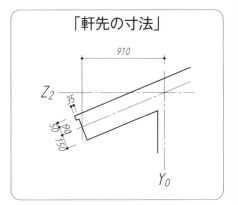

「軒先の寸法」

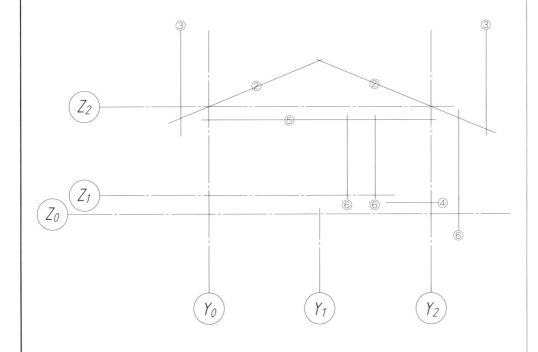

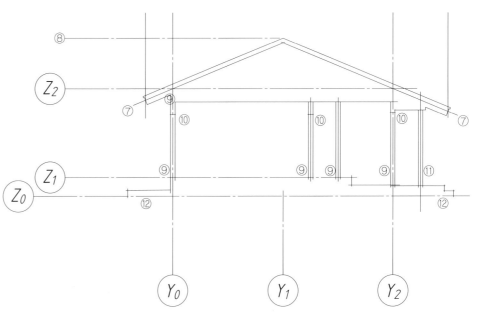

（10）断面図をかいてみよう【かき方3・4】

【かき方3】

・断面線の仕上げ

※屋根・外壁・開口部まわり・天井・床・テラス・ポーチ・地盤面（G.L.）を
下がき線に沿って，極太線で仕上げる。

【かき方4】

・詳細部分の仕上げ

※切断面より奥にみえる戸袋・壁・縁側・ポーチ柱・換気扇フード等を
太線で仕上げる。

・名称，寸法の記入

※見本（p.15）の参考に屋根勾配・室名・寸法線・数値・図名等を記入する。

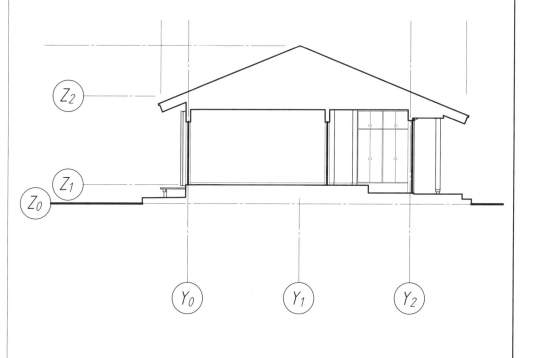

（11）東立面図をかいてみよう …右ページの【見本】を参照してかきなさい。

※p.20，21の【かき方1〜4】を参考にする。

図名		尺度	学年・組・番号	名前	検印

（11）東立面図をかいてみよう

平面図と立面図の関係

※平面図を東側から見たときの外観が,
　東立面図になる。p.13を参考にする。

平面図

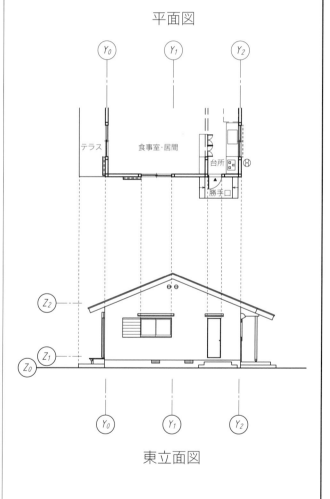

東立面図

Z_2

Z_1

Z_0

Y_0　　Y_1　　Y_2

東立面図

図名		尺度	学年・組・番号	名前		検印
	東立面図	1：100				

20

（11）東立面図をかいてみよう【かき方1・2】

【かき方1】

・主要な部分の下がき

① 通り心（Y_0, Y_1, Y_2, Z_0, Z_1, Z_2）

② 屋根勾配
※「勾配のとり方」を参考にする。
（Y_0とZ_2の交点，Y_2とZ_2の交点，それぞれ求める。）

③ 軒の出（Y_0から910，Y_2から910と1820）

④ 基礎の高さ（Z_0から上に420）

「勾配のとり方（4/10）」

Z_2とY_0またはY_2の交点から，水平方向に10とり，そこから垂直方向に4とり，そこから交点を結び，延長する。

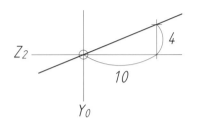

【かき方2】

・屋根，壁，開口部，その他の下がき

⑤ 軒先，屋根
※「軒先の寸法」を参考にする。

⑥ 壁厚

⑦ ポーチ柱の幅（100）

⑧ 雨戸戸袋

⑨ 開口部

⑫ ポーチ厚，テラス厚，勝手口厚

※見本の寸法を参考にする。

「軒先の寸法」

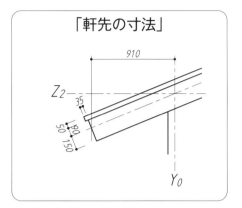

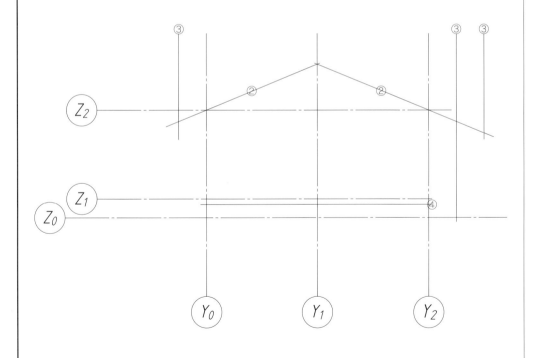

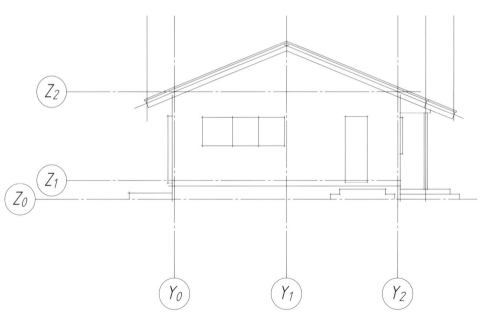

（11）東立面図をかいてみよう【かき方3・4】

【かき方3】

・屋根，壁等の仕上げ

※屋根・外壁・テラス・ポーチ等を下がき線に沿って太線で仕上げる。
地盤面（G.L.）は，極太線で仕上げる。

【かき方4】

・詳細部分の仕上げ

※見本（p.15）を参考に詳細部分を太線で仕上げる。

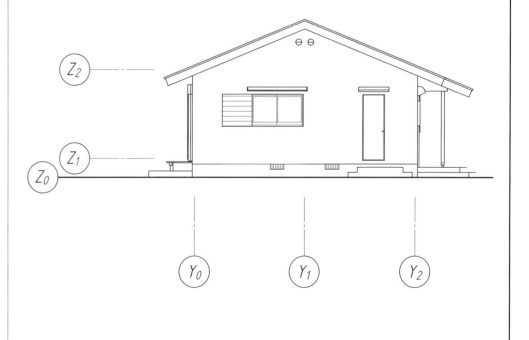

（12）南立面図をかいてみよう …右ページの【見本】を参照してかきなさい。

※p.24，25の【かき方1〜4】を参考にする。

図名		尺度	学年・組・番号	名前		検印

（12）南立面図をかいてみよう

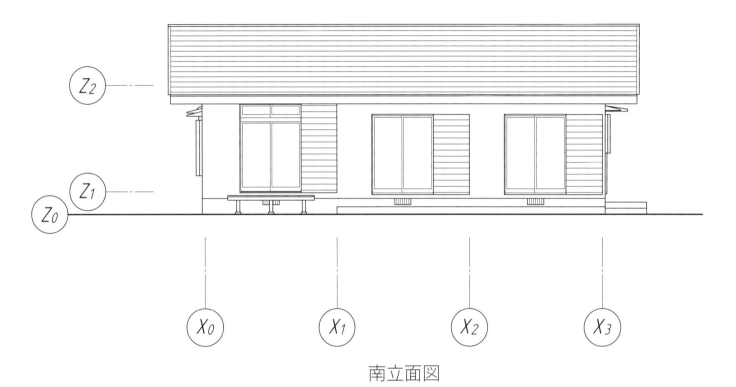

南立面図

東立面図と南立面図の関係

※東立面図を参考に，各部分の高さを合わせる。
　p.19を参考にする。

南立面図　　　　　　　　　　　　　東立面図

図名	尺度	学年・組・番号	名前	検印
南立面図	1：100			

（12）南立面図をかいてみよう【かき方1・2】

【かき方1】

・主要な部分の下がき

①通り心（$X_0, X_1, X_2, X_3, Z_0, Z_1, Z_2$）

②屋根（最高高さ，軒，鼻隠し）

③基礎の高さ（Z_0から420）

④けらばの出（X_0, X_3から910）

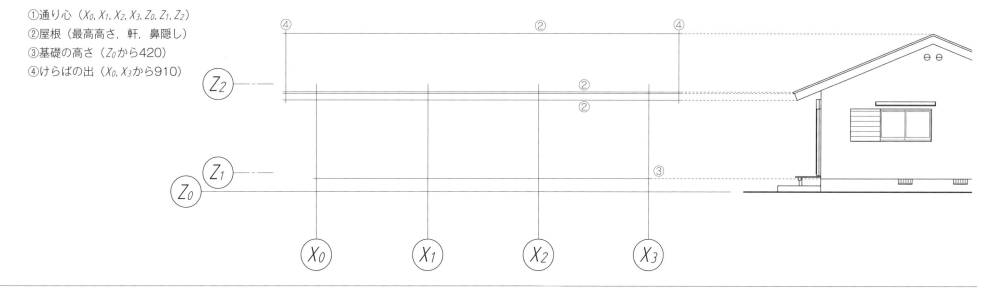

【かき方2】

・屋根，壁，開口部，その他の下がき

⑤壁厚（X_0, X_3から外側に75）

⑥テラス厚

⑦開口部，雨戸戸袋の高さ

⑧開口部の幅（中心から835）

※開口部幅1670＝柱間隔1820－柱幅150（75＋75）

⑨けらば仕上げ（④けらばの出から90）

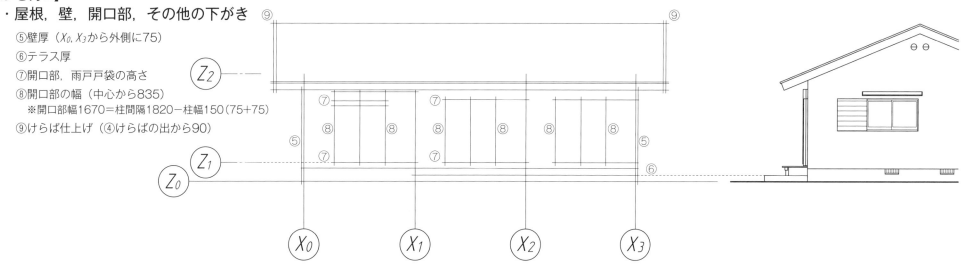

（12）南立面図をかいてみよう【かき方3・4】

【かき方3】
・屋根，壁等の仕上げ（太線）

※地盤面（G.L.）は，極太線とする。

縁側，勝手口，床下換気口等のかき込み。

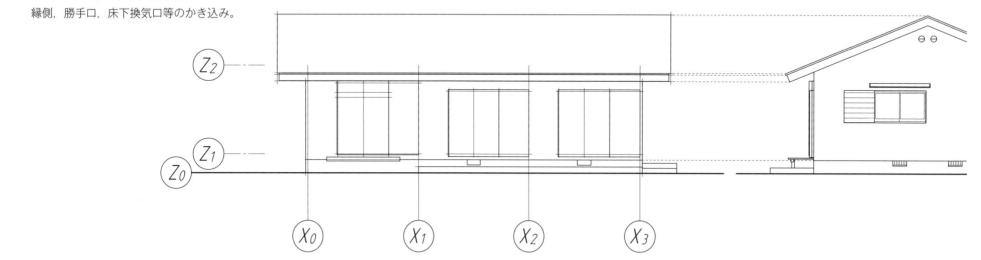

【かき方4】
・詳細部分の記入

※詳細部分の寸法は，見本（p.21）を参考にする。

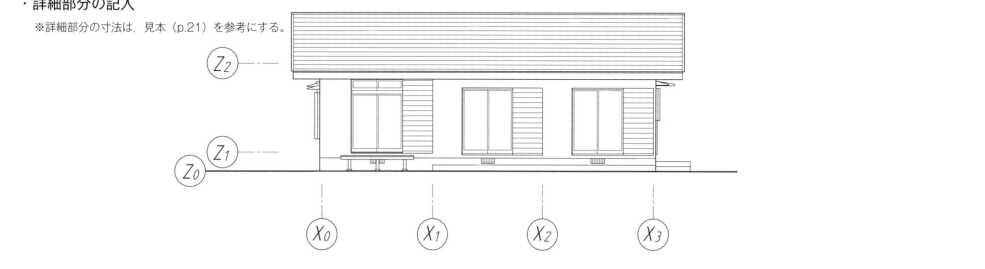

（13）土台マワリ詳細図をかいてみよう…右ページの【見本】を参照してかきなさい。

※p.27の【かき方1・2】を参考にする。

図名		尺度	学年・組・番号	名前		検印

（13）土台マワリ詳細図をかいてみよう【見本・かき方1・2】

見本

アルミニウム合金製
引違イサッシ（半外付）網戸付キ 戸袋一体型

ガラス戸
ガラス戸
網戸
雨戸
戸袋

壁下部 スギ化粧合板t6タテ張リ
幅木 ナラH＝700S塗リ
床板 ナラフローリングボードt15張リワニス磨キ
下地板 耐水合板t15

受木
根太 45×45@303

1FL
Z₁
180

シーリング
カイ木
捨枠@455
外壁 化粧サイディングt15
防水紙 透湿防水シート
タテ胴縁 18×45@455
水切板アルミニウム合金製
基礎高
土台 105×105
大引 90×90@910
均シモルタルt20
アンカーボルトM12
床下換気口金物 ステンレス製 120×450
モルタル塗 t15ハケ引キ仕上
補強ヨコ筋D13
ヨコ筋D10@300
防湿コンクリートt60
防湿材 ポリエチレンフィルムt0.2
600
420
330
60
30 30 30

G.L.
Z₀
タテ筋D10@300
砂利t60
主筋D13
ヨコ筋D10@300
170
150
30
150

捨コンクリートt30
割石

150
450
600
Y₀

62 122.5 15 10.5

【かき方1】

①柱・土台・基礎などの中心線
②地盤面（G.L.）
③1階床高
④フーチング上端・捨コンクリート上端
⑤基礎高・土台のせい・割石の厚さ
⑥土台・基礎・フーチング・幅

⑤105
⑥105
⑤420
⑥150
600
⑥450
200
150
⑤150
30
180
⑥600

【かき方2】

⑦防湿コンクリート・砂利の厚さ
⑧床材・根太・大引の厚さ幅
⑨引違いサッシ等の見込寸法
⑩モルタルの厚み

⑨122
⑨15
⑨62
⑨11
⑧303
⑧45
⑧15
⑩20
⑩15
⑦60

図名	尺度	学年・組・番号	名前	検印
土台マワリ詳細図	1：10			

（14）軒先マワリ詳細図をかいてみよう…右ページの【見本】を参照してかきなさい。

※p.29の【かき方1・2】を参考にする。

図名		尺度	学年・組・番号	名前		検印

（14）軒先マワリ詳細図をかいてみよう【見本・かき方1・2】

見本

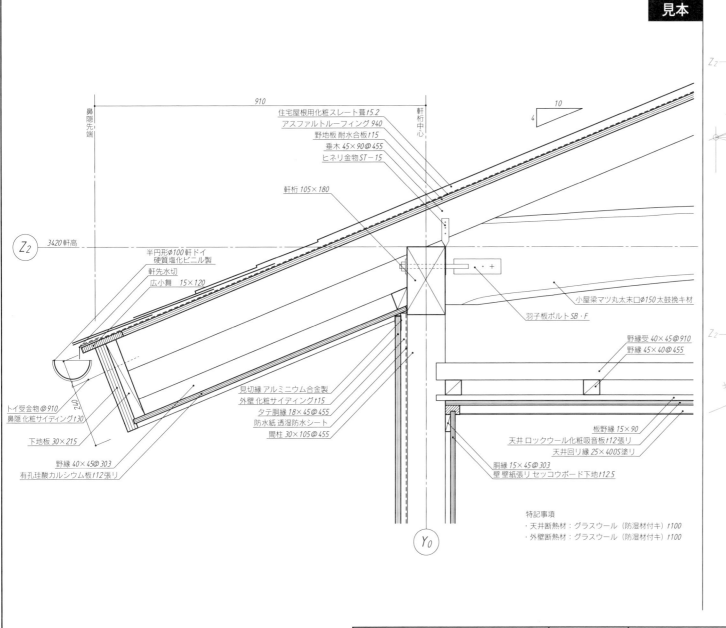

住宅屋根用化粧スレート葺 t5.2
アスファルトルーフィング 940
野地板 耐水合板 t15
垂木 45×90@455
ヒネリ金物 ST-15

軒桁 105×180

半円形 φ100 軒ドイ
硬質塩化ビニル製
軒先水切
広小舞 15×120

3420 軒高

トイ受金物@910
鼻隠 化粧サイディング t30
下地板 30×215
野縁 40×45@303
有孔珪酸カルシウム板 t12張リ

小屋梁マツ丸太末口φ150太鼓挽キ材
羽子板ボルト SB・F

野縁受 40×45@910
野縁 45×40@455

見切縁 アルミニウム合金製
外壁 化粧サイディング t15
タテ胴縁 18×45@455
防水紙 透湿防水シート
間柱 30×105@455

板野縁 15×90
天井 ロックウール化粧吸音板 t12張リ
天井回リ縁 25×400S塗リ

胴縁 15×45@303
壁 壁紙張リセッコウボード下地 t12.5

特記事項
・天井断熱材：グラスウール（防湿材付キ）t100
・外壁断熱材：グラスウール（防湿材付キ）t100

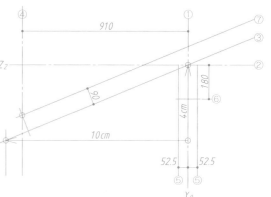

【かき方1】

①壁心　②軒高　③屋根勾配　④軒の出
⑤柱幅　⑥軒桁下端　⑦垂木上端　⑧鼻隠先端

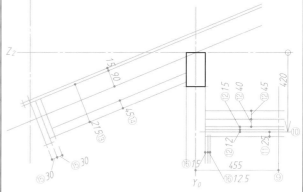

【かき方2】

⑨野縁間隔　⑩天井高　⑪天井回リ縁せい
⑫天井材の厚み・せい　⑬下地板のせい
⑭⑮屋根材の厚み　⑯壁材の厚み

図名 軒先マワリ詳細図	尺度 1：10	学年・組・番号	名前	検印

（15）屋根伏図から屋根立面図をかいてみよう

屋根伏図から屋根立面図をかきなさい。

※屋根の仕上げを考えないものとし，屋根勾配は5寸勾配（1/5）とする。

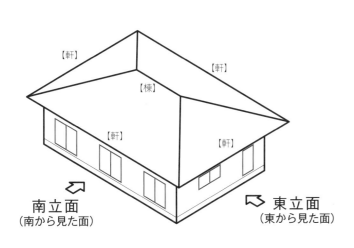

南立面
（南から見た面）

東立面
（東から見た面）

p.13（9）屋根をかいてみよう　を参考にして作図する。

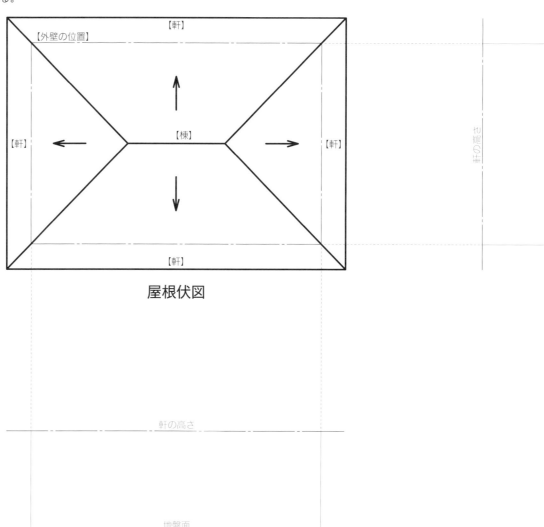

屋根伏図

南屋根立面図

図名	尺度	学年・組・番号	名前	検印
屋根立面図（寄棟屋根）	1：150			

（15）屋根立面図【作図演習１】

屋根伏図から屋根立面図をかきなさい。

※屋根の仕上げを考えないものとし，屋根勾配は５寸勾配（1/5）とする。

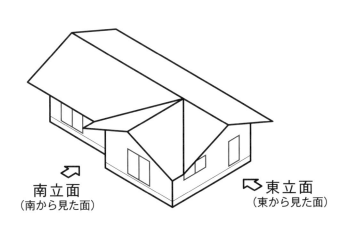

南立面
（南から見た面）

東立面
（東から見た面）

p.30（15）屋根伏図から屋根立面図をかいてみよう
を参考にして作図する。

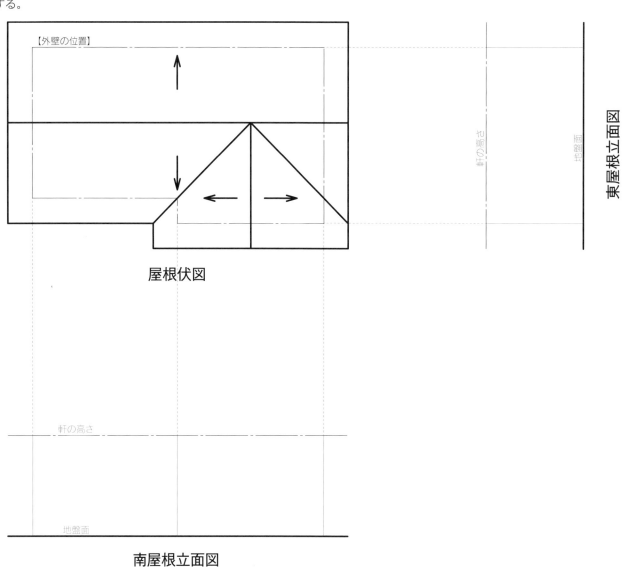

【外壁の位置】

軒の高さ

地盤面

東屋根立面図

屋根伏図

軒の高さ

地盤面

南屋根立面図

図名	屋根立面図	尺度	1：150	学年・組・番号	名前	検印

（15）屋根立面図【作図演習２】

屋根伏図から屋根立面図をかきなさい。

※屋根の仕上げを考えないものとし，屋根勾配は５寸勾配（1/5）とする。

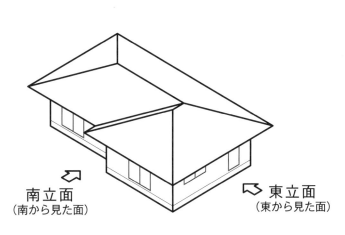

南立面
（南から見た面）

東立面
（東から見た面）

p.30（15）屋根伏図から屋根立面図をかいてみよう
を参考にして作図する。

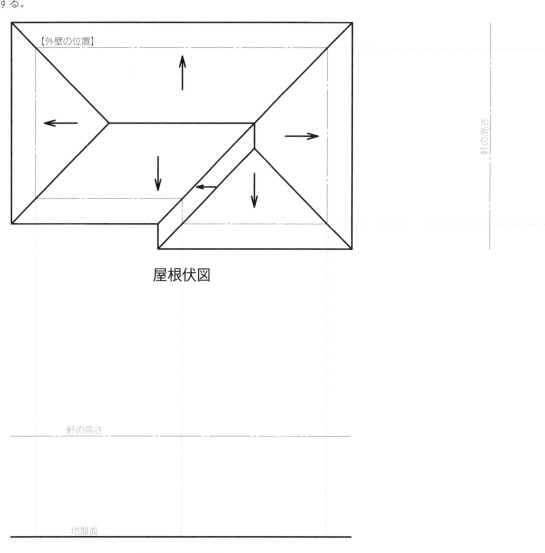

【外壁の位置】

屋根伏図

軒の高さ

地盤面

東屋根立面図

軒の高さ

地盤面

南屋根立面図

図名		尺度	学年・組・番号	名前	検印
	屋根立面図	1：150			